Pi lt

Jeanne d'Arc

EDITIONS JEAN-PAUL GISSEROT
www.editions-gisserot.com

Carte de la France vers 1430

En couverture :
Entrée de Jeanne d'Arc à Orléans. Projet de vitrail par Edmond Lechevallier-Chevignard. Chromolithographie d'Antoine Pralon extraite du livre de Wallon.
En dos de couverture :
- Statue équestre de Jeanne d'Arc par Emmanuel Frémiet, bronze doré, 1876. Paris, place des Pyramides.
- Jeanne entend ses voix célestes. D'après un tableau de Léon Bénouville. Reims, musée des beaux-arts. Chromolithographie de Werner, extraite du livre de Wallon.
- Le supplice de Jeanne d'Arc. D'après un tableau de Frédéric Legrip, 1861. Rouen, musée des beaux-arts. Chromolithographie extraite du livre de Wallon.

En page de titre :
Jeanne d'Arc. Gravure, XIXe s.
Au-dessous : signature autographe Jehanne d'après la lettre adressée au habitants de Riom le 9 novembre 1429. Fac-simile extrait du livre de Wallon.

Jeanne dite des échevins. D'après le tableau du XVIe siècle (1581) conservé au musée historique de l'Orléanais. Chromolithographie extraite du livre de Wallon.

Jeanne d'Arc est sans doute la figure féminine du Moyen Âge la mieux connue par les documents. Certes, on ne conserve d'elle que cinq lettres, mais les chroniques contemporaines ou les dépêches d'ambassadeurs qui évoquent sa brève carrière sont légion. Ce sont surtout ses procès qui nous la font mieux connaître. Son cas a en effet été examiné à trois reprises par des juges. La première fois en 1429, à Poitiers, lorsque son roi voulut s'assurer de la bonne foi de Jeanne ; la seconde bien sûr à Rouen lorsqu'elle fut condamnée (1431) ; la dernière, à nouveau à Rouen et en d'autres lieux, entre 1450 et 1456, quand Charles VII voulut réhabiliter sa mémoire. Si le " livre de Poitiers " est perdu, il subsiste les actes du procès de condamnation et de réhabilitation. Le premier conserve les réponses de Jeanne à ses juges ; le second recueille le témoignage de ses contemporains. Si ces procès sont l'un et l'autre suspects de parti pris, l'un instruit à charge et l'autre à décharge, ils n'en permettent pas moins de pénétrer dans l'intimité de la vie d'une jeune paysanne, emportée par la tourmente de la guerre et les péripéties politiques du XVe siècle. Ainsi, la vie de Jeanne d'Arc paraît-elle non seulement exceptionnelle, mais aussi exemplaire.

La naissance et l'enfance

Jeanne à son procès se dit elle-même âgée de 19 ans environ ; des chroniqueurs lui prêtent 16 à 17 ans lors de son arrivée à Chinon. Elle est donc sans doute née en 1411 ou 1412. Un secrétaire du duc d'Orléans, Perceval de Boulainvilliers, ayant décrit sa naissance lors de l'Épiphanie, on en a conclu que Jeanne était née le 6 janvier 1412, mais cette date n'est pas attestée par ailleurs.

A son procès elle dira : " Dans mon pays, on m'appelait Jeannette et après que je fus venue en France, on m'appela Jeanne. De mon surnom, je ne sais

Vue de Domremy et de la vallée de la Meuse. D'après une aquarelle de Charles Pensée. Chromolithographie de Dufaÿ extraite du livre de Wallon.

Reconstitution de l'étendard, de la bannière et du pennon de Jeanne.
Chromolithographie extraite du livre de Wallon.

Allégorie de la France en prière. D'après une miniature des "Vigiles de Charles VII" de Martial d'Auvergne, 1484. Manuscrit conservé à la BnF.
Chromolithographie extraite du livre de Wallon.

Ci-dessous :
Maison natale de Jeanne d'Arc et église de Domremy, état de 1819 (avant restauration).
Gravure du baron Taylor, extraite du livre de Wallon.

A droite :
Abbatiale de Saint-Denis, vue de la nef (XIIIe siècle).
Jeanne s'y recueillit et fit don au sanctuaire de son épée et d'une armure après l'assaut de Paris.

rien. " En fait, ses parents portent le nom de Dart ou Darc (l'orthographe du temps ignore l'apostrophe et les lettres C ou T se ressemblent). Son père, nommé Jacques ou Jacob, est un " bon laboureur ", paysan assez aisé, qui est mentionné comme doyen ou représentant des habitants de Domremy au cours de procédures des années 1420. La mère de Jeanne se nomme Isabelle — Isabelet ou Isabeau comme on dit alors — et porte le surnom de Romée qui indique qu'elle ou l'un de ses parents fit un pèlerinage, à Rome ou ailleurs. Outre Jeanne, on leur connaît quatre enfants : Catherine, Jacquemin, Jean et Pierre.

La maison natale de Jeanne se trouve au sud du village de Domremy (Vosges), où elle subsiste malgré les réaménagements qu'elle a subis à différentes époques. La moitié nord du village était située en Champagne ; la moitié sud relevait d'une partie du duché de Bar, appelée Barrois mouvant (de la couronne), dont le souverain était le roi de France.

Les trois ordres de la société : le clergé, la noblesse (autour de Charles VII) et le tiers état. D'après une miniature de "L'Arbre des batailles", XVe s., bibl. de l'Arsenal. Chromolithographie de Romanet extraite du livre de Wallon.

A droite :
Jeanne d'Arc après la journée de Compiègne. Tableau d'Isidore Patrois, 1864. Orléans, musée des Beaux-Arts.
La prisonnière est présentée au duc de Bourgogne Philippe le Bon.

Jeanne prend part aux travaux de la maison et de la ferme. En février 1431, elle déclare à Rouen avoir appris à " coudre les draps de toile et filer " et dit ne craindre " aucune femme de Rouen pour filer et coudre ". De sa mère aussi, elle tient " toute sa croyance ", c'est-à-dire, l'*Ave,* le *Pater* et le *Credo*. Si elle n'a jamais été la bergère que l'imagerie et la légende se sont plu à mettre en scène, et ce dès 1429, les témoins de son enfance rappelleront plus tard qu'elle " allait parfois à la charrue, à la moisson, quand c'était le temps, et parfois gardait les animaux et le troupeau du village " — des vaches sans doute plus que des moutons !

La guerre et les voix

C'est un lieu commun de rappeler que la guerre de Cent Ans n'a pas duré cent ans. Une première phase a opposé les rois Valois aux Plantagenêts de 1337 à 1380. Après la période de paix relative de la fin du règne de Charles V, une nouvelle dynastie prend le pouvoir en Angleterre. Pour asseoir leur légitimité, les Lancastres revendiquent l'héritage de la couronne de France. En 1420, le roi d'Angleterre Henri V, vainqueur à Azincourt cinq ans plus tôt, négocie le traité de Troyes par lequel le roi de France Charles VI lui cède la main de sa fille et le désigne comme seul héritier du royaume aux dépens de son propre fils. Henri V et Charles VI meurent peu après (1422). Le jeune Henri VI, sous la coupe de son oncle le duc de Bedford, régent de France, étend alors son autorité sur la Normandie, l'Aquitaine, l'Île-de-France et la Champagne. Il bénéficie de l'appui du duc de Bourgogne Philippe le Bon, qui contrôle la Flandre et le Nord de la France.

Au sud, le dauphin Charles, fils de Charles VI, prend le nom de Charles VII mais ne règne effectivement que sur un

territoire dont la capitale lui vaut le surnom de " roi de Bourges ". Il résiste à l'Anglais mais les défaites se succèdent, à Verneuil (1424) puis au Rouvray (1429), tandis qu'Orléans est assiégée depuis octobre 1428.

Les habitants de Domremy, où grandit Jeanne, sont majoritairement favorables à Charles VII. Non loin de là, la forteresse de Vaucouleurs est tenue depuis 1420 par un capitaine, Robert de Baudricourt, également fidèle au roi. En revanche, ceux du village voisin de Maxey tiennent le parti des Bourguignons. Les enfants des deux villages s'affrontent parfois et reviennent " bien blessés et ensanglantés ". En 1428, Baudricourt résiste au siège mis devant la ville par les Bourguignons, mais doit renoncer à porter les armes contre ceux-ci ou les Anglais.

Dans ce contexte, c'est " alors qu'elle est âgée de 13 ans ", donc vers 1424 ou 1425, que Jeanne entend un appel " venant de Dieu pour l'aider à se gouverner ". Elle raconte : " Et la première fois j'eus grand peur. Et vint cette voix environ l'heure de midi, en été, dans le jardin de mon père… j'entendis la voix du côté droit vers l'église, et rarement je l'entends sans qu'il y ait une grande clarté. " Cet appel, elle l'entend " deux

Sacre de Charles VII à Reims, tapisserie du XVIIᵉ s. Chromolithographie extraite du livre de Wallon.

ou trois fois par semaine ". Jeanne y répond en promettant de conserver sa virginité ; elle se fera désormais appeler " la Pucelle ". Quelle est la nature de ces voix ? Interrogée par ses juges à Rouen, elle leur donnera plus tard un nom — l'archange saint Michel d'abord, auquel se seraient jointes les saintes Catherine et Marguerite — et décrira leur apparence. Qui sont-elles en réalité ? Un appel ou une vocation intimement éprouvée en tout cas, et en aucune manière des hallucinations qui relèveraient d'une pathologie que la lucidité du comportement de la jeune fille dément tout à fait.

Cette vocation, Jeanne la décrira plus tard : " La voix me disait d'aller en France et que je ne pouvais plus durer où j'étais. Cette voix me disait encore que je lèverais le siège mis devant Orléans. La voix m'a dit aussi que j'aille vers Robert de Baudricourt dans la forteresse de Vaucouleurs, qu'il me donnerait des hommes pour aller avec moi. "

Vaucouleurs

Réfugiée à Neufchâteau durant le siège de Vaucouleurs, en mai 1428, Jeanne convainc son oncle Durant Laxart de la présenter à Baudricourt, qui la renvoie sèchement chez ses parents. Elle retourne à Vaucouleurs en février 1429 et déclare qu'elle est la vierge lorraine promise pour sauver le royaume qu'annonce certaine prophétie alors en vogue. Le duc Charles II de Lorraine qui la prend pour une guérisseuse la fait venir à son chevet ; mais elle ne lui offre pas d'autre remède que de renoncer à sa maîtresse ! De retour à Vaucouleurs, elle

Vierge à l'Enfant trônant entre saint Michel et Jeanne d'Arc. Faux du XIXᵉ s. conservé au musée de Versailles. Chromolithographie de Romanet extraite du livre de Wallon.

obtient cette fois le soutien de Baudricourt. Devant son insistance, il consent à la faire accompagner jusqu'à Chinon où réside alors Charles VII. " Va, va et advienne que pourra ", lui dit-il. Les habitants de Vaucouleurs lui offrent un cheval et des vêtements d'homme (chausses, tunique, éperons...) pour voyager plus discrètement. Jeanne quitte enfin la ville vers le dimanche " des Bures ", le 13 février 1429.

Chinon

D'après l'un de ses compagnons, l'étrange escorte traverse la France en onze jours. Jeanne s'arrête à Auxerre pour entendre la messe, puis à Gien. Elle accomplit aussi ses dévotions au sanctuaire tourangeau de Sainte-Catherine de Fierbois d'où elle envoie une lettre à celui qu'elle appelle toujours le " dauphin ". Elle atteint Chinon vers le vendredi 4 mars suivant la tradition, ou plus probablement dès le 23 février 1429, comme l'indique une chronique rochelaise contemporaine.

Charles VII accepte rapidement de voir la jeune fille à l'issue d'un conseil restreint où Jeanne le reconnaît sans mal ; elle va directement à lui et s'agenouille en déclarant : " Gentil (c'est-à-dire noble) dauphin, j'ai nom Jeanne la Pucelle et le roi des cieux vous mande par moi que vous serez sacré et couronné en la ville de Reims... " Le roi entraîne la jeune fille à part et " après l'avoir entendue, il paraissait joyeux ", prétend en 1456 le médecin Simon Charles. C'est là l'origine d'un secret qui a fait couler beaucoup d'encre mais dont il demeure difficile de préciser la nature.

Logis du château de Chinon dessiné pour Gaignières au XVIIe s. D'après l'original conservé à la BnF. Gravure extraite du livre de Wallon.

Jeanne à cheval incarnant la prophétie dite de Merlin. D'après un tableau de Raymond Balze. Chromolithographie de Pralon extraite du livre de Wallon.

Bannière commémorative de la délivrance d'Orléans, XVIe siècle conservée au musée historique de l'Orléanais. Chromolithographie de Pralon extraite du livre de Wallon. A gauche, Jeanne d'Arc et le duc d'Orléans présentés à la Vierge par les saints évêques d'Orléans ; à droite, échevins et habitants en prière devant le pont de la ville.

Poitiers et Tours

La paysanne est alors admise à demeurer au château, dans la forteresse du Coudray. Le lendemain, la cour gagne Poitiers, où se trouvent la chancellerie, le Parlement, les clercs et universitaires restés fidèles à Charles VII. Là, Jeanne est surveillée et même soumise à un examen de virginité. Elle doit subir l'interrogatoire des plus savants partisans du dauphin et justifier de sa bonne foi. Le procès de réhabilitation conserve ses meilleures réparties. Frère Seguin lui demande : " Tu prétends que ta voix te dit que Dieu veut délivrer le peuple de France. Mais s'il veut le délivrer, il n'est pas besoin de gens d'armes ". Jeanne lui répond : " En nom Dieu, les gens d'armes batailleront et Dieu donnera victoire. " L'interrogeant sur le langage parlé par ses voix, la Pucelle répond " meilleur que le vôtre " au clerc qui s'exprime avec un fort accent limousin. S'impatientant enfin, Jeanne répond encore au frère Seguin qui lui demande quel signe elle peut donner de l'origine divine de sa mission : " En nom Dieu, je ne suis pas venue faire signes, mais conduisez-moi à Orléans et je vous montrerai ce pourquoi j'ai été envoyée… " Partagés entre irritation et admiration devant cette assurance, les juges concluent en sa faveur, ne trouvant en elle que " bien, humilité, virginité,

Reconstitution de la ville d'Orléans au XVe s. Gravure extraite du livre de Wallon.

dévotion, honnêteté et simplicité " et concluant que le roi ne saurait " rejeter cette pucelle qui se disait envoyée par Dieu pour lui porter secours ".

Le roi suit ce conseil et décide de l'employer pour forcer le destin à Orléans. Il la reçoit cette fois en audience publique à Chinon. A Tours, il lui fait fabriquer une armure et peindre un étendard. Il lui attribue enfin une petite maison militaire avec un écuyer, Jean d'Aulon, deux pages et deux hérauts. On diffuse le 22 avril les deux lettres de défi aux Anglais qu'elle a rédigées un mois plus tôt. Parallèlement, une armée est réunie à Blois sur la rive sud de la Loire. Jeanne la rejoint, entend la messe en la collégiale Saint-Sauveur de Blois et y fait bénir son étendard. Le convoi s'ébranle le 25 avril. Jeanne conduit désormais une armée, et la propagande royale le fait savoir.

Orléans

Depuis le 12 octobre 1428, les Anglais assiègent Orléans. C'est que la ville contrôle l'accès au sud du royaume et forme un verrou symbolique dont la chute affaiblirait Charles VII. Dès leur arrivée, les capitaines anglais, Salisbury, Suffolk et Talbot s'emparent de la bastille des Tourelles sur la rive sud et contrôlent les accès nord et ouest de la ville où ils élèvent des bastions qu'ils surnomment Londres, Rouen et Paris. Ne parvenant pas à bloquer la porte Bourgogne à l'est, ils fortifient la bastille Saint-Loup en amont de la ville.

Après avoir traversé la Sologne, Jeanne parvient le vendredi 29 avril 1429 au sud de la cité où l'attend Jean, bâtard d'Orléans, plus tard comte de Dunois, et alors capitaine de la ville

Entrée triomphale du roi et de Jeanne à Reims. Gravure de Fortuné Méaulle d'après G. Rochebrosse, extraite du livre de M. Sepet.

Jeanne accueillie à Chinon par Charles VII à Chinon. D'après la tapisserie dite d'Azeglio, XVe siècle, conservée au musée historique de l'Orléanais. Chromolithographie de Regamey extraite du livre de Wallon.

Entrée de Jeanne d'Arc à Orléans. Esquisse de Henry Scheffer en vue du tableau commandé par Louis-Philippe pour le musées de Versailles, 1837. Orléans, musée des beaux-arts.

pour son demi-frère Charles d'Orléans, prisonnier en Angleterre. Désireuse de combattre au plus vite, Jeanne le prend à parti : “ Êtes-vous le bâtard d'Orléans ? — Oui et je me réjouis de votre arrivée. — Est-ce vous qui avez donné le conseil de me faire venir ici, de ce côté de la rivière, et de ne pas aller directement où se trouvent Talbot et Anglais ? ” Irritée par sa réponse affirmative, Jeanne lui lance : “ En nom Dieu, les conseils de Dieu, mon Seigneur, sont plus sûrs et plus sages que les vôtres. ” Alors, selon le témoignage du bâtard lui-même, le vent aurait soudainement tourné, permettant aux troupes fraîches et aux vivres acheminés par Jeanne d'être transportés rive nord et de là, gagner Orléans par la porte de Bourgogne.

Entrant dans la ville, la Pucelle en armes est accueillie en libératrice. Elle est ensuite conduite chez le trésorier du duc d'Orléans, Jacques Boucher. Mais rien ne se passe comme elle l'entend. Les troupes qui convoyaient les vivres sont reparties à Blois où le bâtard d'Orléans va rechercher de nouveaux renforts. Le mercredi suivant, soudain “ mue par une inspiration ”, Jeanne se fait armer en début d'après-midi pour rejoindre, munie de son étendard, la bastille Saint-Loup où se déroule une escarmouche. Les Français parviennent à s'emparer de la place ; Jeanne pleure en découvrant les corps des hommes morts des deux camps.

Le jeudi 5 mai est jour de l'Ascension ; on ne saurait porter les armes et la Pucelle en profite pour adresser une sommation au nouveau capitaine des Anglais, Falstaff. Elle ne s'attire qu'une bordée d'injures. Le 6, Jeanne prend dès le matin l'initiative en s'emparant de la bastille abandonnée de Saint-Jean-le-Blanc. Mais alors que ses troupes battent en retraite, Jeanne les engage vers le fort des Augustins dont elle s'empare avec Gilles de Rais. A nouveau, alors qu'elle veut poursuivre sur sa lancée, malgré une blessure au pied, les capitaines s'interposent et estiment en avoir assez fait. Ce n'est donc que le lendemain que Jeanne peut porter l'assaut sur la bastille des Tourelles qui bloque le franchissement de la Loire. Jeanne prédit qu'elle rentrera le soir même à Orléans par le pont, mais est blessée à l'épaule par une flèche anglaise, comme, dira-t-elle, les voix des saintes Catherine et Marguerite l'en ont averti. Au soir, le bâtard lui conseille : “ Reposez-vous, mangez et buvez. ” Mais après quelques prières, Jeanne revient, saisit son étendard au bord du fossé et “ conduit la besogne armée de toutes pièces ” selon le notaire Guillaume Girault. Tous les hommes revigorés la suivent “ et avec une grande âpreté assaillirent le boulevard, qu'en peu de temps après, ce boulevard et la bastille furent pris et abandonnés des ennemis, et entrèrent les Français dans la cité d'Orléans par le pont ”, ainsi que le rapporte Jean d'Aulon.

Le lendemain, dimanche 8 mai, les Anglais se mettent en ordre de bataille, aussitôt rejoints par les troupes françaises. Les deux armées se font face, immobiles. Mais bientôt circule dans les rangs anglais l'ordre de se replier vers Meung-sur-Loire. Les Anglais battent en retraite ; le siège d'Orléans est levé. C'est jour de liesse dans la cité. L'événement ne sera jamais oublié et la ville commémore encore chaque année le souvenir de sa libératrice.

La campagne de Loire

Dès le lendemain de la levée du siège, Jeanne accompagnée du bâtard d'Orléans “ se rendit auprès du roi au château de Loches, pour lui demander d'envoyer des gens de guerre reprendre les châteaux et villes situés sur la Loire ”. Charles VII confie cette campagne à Jean d'Alençon, que Jeanne appelle “ mon beau duc ”. Tous deux s'emparent de Jargeau, à l'est

Entrée de Jeanne à Orléans. Tableau de Jean-Jacques Scherrer, 1887. Orléans, musée des beaux-arts.

Adieux de Jeanne aux habitants de Vaucouleurs. Gravure extraite du livre de Wallon.
A droite : Entrée de Charles VII à Rouen en 1449. D'après une miniature des "Chroniques de Monstrelet", manuscrit du XVe siècle conservée à la BnF.
Chromolithographie de Romanet extraite du livre de Wallon.

d'Orléans, le 12 juin 1429, puis de Meung-sur-Loire le 15 et de Beaugency le 17. A la nouvelle de la reddition de Beaugency, Talbot et Falstaff, qui tentaient alors de reprendre Meung, décident de se retirer à travers la plaine de Beauce au nord d'Orléans. Le 18 juin, les troupes anglaises désorganisées et gênées dans leurs manœuvres se laissent surprendre et écraser par les Français à Patay. Talbot est fait prisonnier. D'après le chroniqueur Jean de Wavrin présent sur le champ de bataille, on compte 3000 morts anglais et seulement trois français. Il conclut : " Ainsi obtinrent les Français la victoire au lieu de Patay où ils passèrent une nuit, remerciant Notre Seigneur de leur aventure. "

La part de Jeanne dans les opérations militaires a été contestée. Il est vrai qu'elle est en butte à l'hostilité de capitaines expérimentés et que le commandement des troupes lui échappe. Néanmoins, elle joue un rôle efficace pour galvaniser les hommes en les exhortant : " Entrez hardiment parmi les Anglais ! ", " En nom Dieu, il faut les combattre ! " ou encore " Frappez hardiment , ils prendront la fuite ! " Tous les récits s'accordent en outre sur sa maîtrise de l'équitation et du maniement des armes. La chronique pro-bourguignonne des Cordeliers concède qu' " elle faisait merveille d'armes de son corps et maniait un bourdon de lance très puissamment ".

La chevauchée du sacre

Le 29 juin, les troupes réunies à Gien entreprennent de marcher sur Reims, la ville du sacre. L'armée royale obtient le droit de passage à Auxerre. Devant Troyes, Charles VII envoie une lettre d'amnistie aux habitants de la ville où neuf ans plus tôt fut conclu le traité qui le déshéritait. Jeanne promet quant à elle la sécurité aux habitants qui accueilleront le roi : " Et si ainsi vous ne faites, je vous promets et certifie sur vos vies que nous entrerons à l'aide de Dieu en toutes les villes du saint royaume et y ferons bonne paix ferme. " Jeanne se moque même d'un fameux prédicateur, le frère Richard, que les Troyens envoient au-devant d'elle pour l'exorciser. Le 10 juillet, l'évêque de Troyes persuade les habitants d'ouvrir leur porte au " dauphin et à Jeanne elle-même ". Il en sera de même à Châlons-en-Champagne le 14 juillet.

ROVEN

Jeanne entendant les voix. Tableau de Henri Jean Guillaume Martin, 1884. Orléans, musée des beaux-arts.

Cathédrale Notre-Dame de Reims. Façade (XIIIe s.). C'est là que fut couronné Charles VII.

A gauche : portrait de Charles VII. D'après le tableau de Jean Fouquet (musée du Louvre), portrait officiel dont s'inspirent plusieurs variantes. Gravure, XIXe siècle. A droite : portrait de Charles VI, roi de France (1380-1422). Gravure, XIXe siècle.

Jean, bâtard d'Orléans et futur comte de Dunois. D'après l'armorial du héraut Berry, manuscrit conservé à la BnF. Gravure extraite du livre de Wallon.

A l'approche de Reims, Jeanne rassure le roi qui craint une rébellion : " N'ayez crainte, car les gens de Reims viendront au-devant de vous. " Une délégation l'attend en effet au château de Sept-Saulx et Charles VII fait son entrée solennelle à Reims le 16 juillet. En vue du sacre qui doit être célébré dès le lendemain à la cathédrale, sur le site même où Clovis fut baptisé, Gilles de Rais et plusieurs chevaliers vont quérir à l'abbaye de Saint-Remi la sainte Ampoule qui témoigne du miracle accompli pour Clovis et sert à l'onction royale. En revanche, les autres *regalia* (ornements royaux) conservés à Saint-Denis demeurent inaccessibles et sont remplacés par d'autres objets trouvés dans le trésor de la cathédrale rémoise. Le dimanche 17 juillet, l'archevêque de Reims Regnault de Chartres peut enfin sacrer Charles VII en présence de princes, seigneurs et prélats qui tiennent le rôle des douze pairs légendaires hérités de Charlemagne. Le duc d'Alençon remet ainsi les éperons d'or au roi, le sire d'Albret son épée. Jeanne assiste au sacre avec son étendard ; elle répondra plus tard à ses juges : " Il avait été à la peine, c'était raison qu'il fût à l'honneur. " A l'issue de la cérémonie, Jeanne se précipite au pied de

Charles VII et lui déclare : “ Gentil roi, désormais est exécuté le plaisir de Dieu qui voulait que je vous amène en cette cité de Reims recevoir votre saint sacre en montrant que vous êtes vrai roi et celui auquel ce royaume doit appartenir. ”

La victoire est partout célébrée. La poétesse Christine de Pisan s'exclame : “ L'an mil quatre cent vingt neuf reprit à luire le soleil. ” Mais, son autorité confortée par le sacre, Charles VII entend désormais que les armes laissent place à la politique. Ses chambellans négocient une trêve avec le duc de Bourgogne. Jeanne, tenue à l'écart de la négociation, ne croit pas à la sincérité du duc et souhaite se porter au plus vite vers Paris. A Beauvais, dont l'évêque Pierre Cauchon vient de s'enfuir, les habitants acclament le roi ; il en va de même à Soissons, Laon, Château-Thierry, Provins, Coulommiers... Les armées française et anglaise stationnent face à face à Montépilloy le 15 août, mais les troupes de Bedford se replient sur Senlis, tandis que le roi gagne Crépy-en-Valois, puis Compiègne.

Jeanne et Jean d'Alençon se rendent à Saint-Denis où ils entrent le 26 août. Ils en appellent au roi, mais celui-ci “ semblait conseillé au contraire du vouloir de la Pucelle, de Jean d'Alençon et de leur compagnie ”, ainsi que le note Perceval de Cagny, chroniqueur du duc. Le 8 septembre, Jeanne et Alençon tentent l'assaut de Paris, porte Saint-Honoré. Au soir de cette attaque indécise, Jeanne est blessée d'un trait d'arbalète à la cuisse et entraînée vers l'arrière. Le lendemain, arrive l'ordre du roi de lever le siège et de détruire le pont de bateaux jeté sur la Seine. Le 13, l'armée royale se replie. Le 21 septembre, Charles VII, retiré à Gien, ordonne la dispersion de l'armée du sacre. Lui-même se retire en Berry, à Mehun-sur-Yèvre.

L'hiver 1429-1430

En novembre 1429, Jeanne d'Arc est prête à tout pour mettre fin à son inaction. Elle accepte donc d'aller avec Charles d'Albret, lieutenant du roi en Berry, le maréchal Jean de Boussac et le comte de Montpensier, tenter de reprendre les places fortes du Nivernais tenues par Perrinet Gressart, un chef de bande à la solde des Anglo-Bourguignons. La petite troupe parvient difficilement à s'emparer de Saint-Pierre-le-Moûtier

Sainte Catherine et sainte Marguerite apparaissant à Jeanne d'Arc. Gravure de Fortuné Méaulle d'après Maillard, extraite du livre de M. Sepet.

puis décide de s'attaquer à la Charité-sur-Loire. Jeanne demande par lettre le secours et des armes aux villes de Clermont et de Riom ; mais après un mois, la rigueur de l'hiver contraint Jeanne à lever le siège en abandonnant une partie de l'artillerie sur place. Elle passe Noël à Jargeau, " en grande déplaisance ", et finit l'hiver à Sully-sur-Loire, dans le château du chambellan du roi, Georges de La Trémoïlle, où Charles VII la rejoint le 15 février 1430.

Le printemps 1430

Durant ce temps, le duc de Bourgogne, malgré la trêve, lance une offensive en Champagne. Jeanne écrit le 16 et le 28 mars 1430 aux habitants de Reims pour les assurer de son soutien. En Picardie, Philippe le Bon exige la reddition des villes, comme Compiègne, que Charles VII lui a imprudemment promises. Lasse d'attendre à Sully une mission que le roi ne lui donne pas, Jeanne quitte le château le 24 mars, quasiment en cachette, seulement accompagnée de Jean d'Aulon, de son frère Pierre et du chef de bande piémontais Barthélemy Baretta.

La Pucelle stationne à Melun, récemment libérée. Plus tard elle dira qu'elle y a reçu la révélation " qu'elle serait prise avant la Saint-Jean ". Elle se rend ensuite à Lagny-sur-Marne, où elle se joint aux femmes de la ville qui prient pour qu'un enfant mort-né revienne à la vie le temps d'être baptisé. Mais son objectif est Compiègne, qui reste fidèle à Charles VII malgré le siège mis par le duc de Bourgogne. Elle y entre le 13 mai 1430. Dans l'après-midi du 23, elle conduit une sortie vers la bastille voisine de Margny. Devant les renforts bourguignons qui affluent, les Français battent en retraite. Jeanne défend l'arrière garde, " demeurant en arrière comme chef et comme la plus vaillante du troupeau ", selon l'historiographe bourguignon Georges Chastellain. Au moment de se retirer, elle voit la porte de la ville se refermer devant elle avant d'y avoir pu rentrer. Précipitation ou trahison ? Guillaume de Flavy, capitaine de Compiègne, l'a-t-il délibérément laissée prendre ? La controverse n'aura jamais de réponse.

Jeanne d'Arc à Loches. Tableau d'Alexandre Millin Du Perreux, 1819. Tours, musée des beaux-arts.
Jeanne engage le roi à entreprendre la campagne du sacre devant une vue assez fidèle du logis royal de Loches.

Statue équestre de Jeanne d'Arc par Emmanuel Frémiet, bronze doré, 1876. Paris, place des Pyramides.

La captivité

Dès que se répand la nouvelle de la capture de Jeanne, c'est la liesse dans le camp bourguignon : " Ceux du parti de Bourgogne, les Anglais, furent très joyeux… car ils ne craignaient ni capitaines ni autres chefs de guerre autant qu'ils l'avaient fait jusqu'à ce jour de cette Pucelle. " Jeanne a été prise par le bâtard de Wandonne, lieutenant de Jean de Luxembourg, lui-même vassal du duc de Bourgogne. Le chroniqueur bourguignon Enguerrand de Monstrelet mentionne la visite que fit le duc à sa célèbre prisonnière sans rapporter leur conversation : " Le duc vint la voir au logis où elle était et lui dit quelques paroles dont je ne me souviens pas bien, bien que j'y aie été présent. " Le duc n'a pas la même discrétion et fait crier la capture de Jeanne à Paris le 25 mai. Dès le lendemain, les clercs de l'Université lui adressent une lettre exigeant que la prisonnière, " Jeanne la Pucelle, que l'on dit être sorcière, personne de guerre conduisant les armées du dauphin ", lui soit livrée pour soupçon d'hérésie.

Jeanne est rapidement transférée au château de Beaulieu-les-Fontaines, voisin de Noyon, dont elle tente en vain de s'échapper, puis en juin au château de Beaurevoir, puissante forteresse appartenant à Jean de Luxembourg. La Pucelle y passera près de quatre mois, son séjour étant adouci par la présence de trois femmes, respectivement tante, épouse et belle-fille du comte de Luxembourg. Jeanne tente de s'en évader en descendant le mur à l'aide d'une corde qui se rompt. Malgré les pressions de l'Université de Paris, des Anglais et de l'évêque de Beauvais Pierre Cauchon, Jean de Luxembourg tarde à livrer sa prisonnière, peut-être sous l'influence de sa tante Jeanne, qui menace de le déshériter s'il cède, mais qui meurt en septembre.

Pierre Surreau, receveur général de Normandie pour le roi d'Angleterre, verse alors à Jean de Luxembourg 10.000 livres tournois " pour avoir Jeanne qui se dit la Pucelle, prisonnière de guerre ". La somme est payée le 6 décembre, Jeanne est transférée peu après à Arras. Le 21, l'Université remercie le duc de Bourgogne de la livraison de la prisonnière. Jeanne ayant été capturée dans le ressort du diocèse de Beauvais, Pierre Cauchon est désigné comme juge. Sa ville épiscopale étant aux mains des Français, il reçoit l'autorisation de la juger à Rouen, au cœur de la Normandie anglaise, où il réunit inquisiteurs, universitaires et prélats susceptibles de l'assister.

Jeanne est conduite par étape à Drugy, au Crotoy, à Saint-Valéry en Somme puis à travers la Normandie, jusqu'au château de Bouvreuil, dominant Rouen, où elle arrive vers Noël 1430.

Le procès

La Pucelle est jugée dans le cadre d'un procès d'inquisition. Cette juridiction, créée par le pape en 1231, a pour but de poursuivre les hérétiques. A défaut d'une exécution rapide, les Anglais espèrent que la condamnation de Jeanne comme hérétique, ou même comme sorcière, atteindra le roi Charles VII, ainsi soupçonné à son tour d'hérésie pour avoir été sacré grâce à son intervention.

Jeanne empêche le pillage d'une église. Gravure de Fortuné Méaulle d'après Andriolli, 1884, extraite du livre de M. Sepet.

Jeanne devant le dauphin à Chinon. Gravure de Fortuné Méaulle d'après A. Maignan, extraite du livre de M. Sepet.

Un tel procès doit être conduit par l'évêque compétent, ici Pierre Cauchon, et par l'inquisiteur de France. Mais celui-ci, Jean Graverend, se défausse et envoie à sa place comme vicaire le dominicain Jean Lemaître qui assiste au procès sans y intervenir. Cauchon est donc seul maître de la procédure, les autres clercs invités n'étant présents comme assesseurs qu'à titre consultatif.

Le procès s'ouvre le 9 janvier 1431. Les interrogatoires du procès d'office s'étendent du 21 février au 26 mars. Les interrogatoires d'abord publics sont conduits à huis clos et dans la prison même à partir du 8 mars. Cette phase est suivie d'un procès " ordinaire " visant à obtenir la rétractation de l'accusée, qui dure jusqu'au 24 mai et s'achève avec la condamnation de Jeanne à la prison perpétuelle. Suivra le procès de " relapse " destiné à constater que l'accusée est retombée dans l'hérésie et doit donc être condamnée au bûcher.

Cauchon s'est vanté de mener " un beau procès ", régulier dans la forme. Il est clair néanmoins qu'il l'a conduit à charge, écartant de la procédure certains éléments favorables à l'accusée, comme le résultat des enquêtes faites à Domremy et Vaucouleurs ou l'examen de virginité. Surtout, Jeanne est enfermée dans une geôle anglaise au lieu de l'être dans une prison ecclésiastique gardée par des femmes.

Les actes du procès montrent la constance et le solide bon sens de Jeanne. Dès le premier jour, 21 février, interrogée sur son identité, elle accepte de répondre mais réserve ce qui pourrait toucher à son roi. Et prévient : " Je ne sais sur quoi vous voudrez m'interroger. Peut-être pourrez-vous me demander des choses que je ne vous dirai pas. " Elle précise : " De mon père, de ma mère et des choses que j'ai faites depuis que j'ai pris le chemin de France, volontiers je jurerai. Mais des révélations à moi faites de par Dieu, je ne les ai dites et révélées à personne sauf au seul Charles mon roi. Et je ne les révèlerai pas, même si on devait me couper la tête. " Sur les questions touchant le roi ou qui la mettent en cause, elle répond le plus souvent " Passez outre " ou " Ce n'est pas de votre procès. Je m'en rapporte à Notre Seigneur. " Quand on lui ordonne de promettre sous serment de ne pas s'évader, elle répond : " Je n'accepte pas cette défense. Si je pouvais m'échapper, on ne me pourrait reprendre d'avoir faussé ou violé ma foi (mon serment). "

Une foi profonde l'anime. Interrogée pour savoir si elle est en état de grâce, elle répond : " Si je n'y suis, Dieu m'y mette ; si j'y suis, Dieu m'y garde. " Interrogée sur son propre sort, Jeanne répond : " Sainte Catherine m'a dit que j'aurais secours, mais je ne sais si ce sera en étant délivrée de prison. " Malgré cette assurance, elle pressent sa fin : " Et après me disent mes voix, ne te soucie pas de ton martyre, tu t'en viendras au royaume de paradis. " Les juges interloqués : " Vous tenez-vous pour sauvée ? — Je crois fermement ce que mes voix m'ont dit, aussi fermement que si j'y étais déjà. "

Jeanne tente de ne pas se montrer désobéissante envers l'Église, tout en affirmant la supériorité de sa foi et de ses voix sur ses juges : " Vous en rapportez-vous pour vos dits et vos faits à la détermination de l'Église ? — Je m'en rapporte à Dieu qui m'a envoyée, à la sainte Vierge et à tous les saints et saintes du paradis. Et il me paraît que c'est tout un de Dieu et de l'Église et qu'on n'en doit pas faire de difficulté... " Quand Cauchon lui demande : " Ne croyez vous point que vous êtes sujette à l'Église qui est sur cette terre ? ", elle répond : " Dieu premier servi. "

Interrogée sur la sorcellerie et les pratiques magiques, elle répond : " Je n'ai pas de mandragore et je n'en ai jamais eue... je ne crois pas à cela ". Le sujet le plus difficile est celui des voix. L'Église se méfie des femmes inspirées et soupçonne toute apparition d'être d'origine diabolique. Ses juges s'inquiètent donc de savoir si Jeanne a vu saint Michel et les anges " corporellement et réellement " ; elle répond : " Je les ai vus des yeux de mon corps, aussi bien que je vous vois ; et quand ils me quittaient, je pleurais et j'aurais bien voulu qu'ils

Jeanne d'Arc en prison.
D'après un dessin de Léon Benouville.
Gravure extraite du livre de Wallon.

Buste de Jeanne d'Arc, par Jean-François Legendre-Heral. Plâtre patiné, 1820. Blois, musée des beaux-arts du château. Modèle du buste en bronze commandé pour le monument érigé en 1820 à Domremy par Louis XVIII.

m'emmènent avec eux. " Interrogée : " En quelle figure était saint Michel quand il vous est apparu ? Était-il nu ? Elle répond : — Croyez vous que Dieu n'ait pas de quoi le vêtir ? " Quand on lui demande : " Avait-il des cheveux ? — Pourquoi les lui aurait-on coupés ? "

Jeanne n'hésite pas à enrôler ses voix dans un discours anti-anglais. Quand l'évêque Cauchon demande : " Sainte Marguerite parle-t-elle le langage d'Angleterre ? ", Jeanne déclare : " Pourquoi parlerait-elle anglais alors qu'elle n'est pas du parti des Anglais ? " A la question : " Dieu hait-il les Anglais ", elle répond : " De l'amour ou de la haine que Dieu a pour les Anglais, ou de ce que Dieu fera à leur âme, je n'en sais rien. Mais je sais qu'ils seront boutés hors de France, excepté ceux qui y mourront, et que Dieu enverra victoire aux Français. "

Jeanne a-t-elle tué ? Elle-même le nie. " Préférez-vous votre étendard ou votre épée ? — Je préfère beaucoup mieux, quarante fois mieux, mon étendard que mon épée. " Elle ajoute même : " Je prenais moi-même l'étendard quand nous allions à l'assaut pour éviter de tuer personne. Je n'ai jamais tué personne. " Pourtant, interrogée sur l'épée qu'elle a brisée, elle admet que c'était une arme de guerre " bonne à donner bonnes *buffes* et bons torchons "...

L'accusation et l'abjuration

Fin mars, les réponses de Jeanne n'alimentent pas assez les accusations contre elle. Le principal chef reste la tenue masculine : la coupe des cheveux courts, condamnée par saint Paul, et surtout le port d'un habit d'homme, proscrit par le Deutéronome. Elle-même cependant prétend " que cet habit ne charge pas son âme et que le porter n'est pas contre l'Église ".

Le 27 mars, le promoteur Jean d'Estivet lit à Jeanne soixante-dix articles d'accusation soi-disant tirés de ses réponses, qu'elle nie en bloc. Par la suite, ces accusations sont condensées en douze articles qui lui sont lus par le chanoine rouennais Pierre Maurice. Sommée de quitter l'habit d'homme, elle refuse et rapporte la prière par laquelle elle demande conseil à ses voix.

En avril, Jeanne tombe subitement malade. Le comte de Warwick lui envoie le médecin de la duchesse de Bedford pour la soigner, rappelant que " pour rien au monde le roi (Henri VI) ne voudrait qu'elle meure de mort naturelle ". Concernant la procédure, tout le mois est consacré à la consultation de clercs, de théologiens et juristes à Rouen et Paris.

Le 9 mai, on menace Jeanne de la torture sans y recourir. Le 13, un banquet donné par Warwick est l'occasion de discussions et d'une visite à la prisonnière. Le 24 mai, au cimetière de Saint-Ouen, Jeanne est amenée en public devant ses juges. Guillaume Érard, universitaire et chanoine de Rouen, lui lit un sermon. On dresse à proximité un bûcher dont elle est menacée si elle n'abjure pas, c'est-à-dire si elle ne renonce pas à ses fautes. Il semble, d'après des témoignages confus, qu'elle ait finalement consenti à signer la cédule qu'on lui présentait et par laquelle elle désavouait ses voix et renonçait à l'habit d'homme. Des témoins diront plus tard l'avoir vue rire ; a-t-elle tracé sur le billet la croix qui codait les fausses informations dont elle se servait en temps de guerre ? Elle est alors condamnée à la prison perpétuelle, et devant des Anglais furieux de la voir s'en tirer à si bon compte, elle est ramenée en prison.

Jeanne d'Arc recevant son épée des mains de Charles VII à Chinon. Tableau de Hippolyte Lecomte, 1808.
Blois, musée des beaux-arts du château.

Jeanne faisant bénir son étendard à Saint-Sauveur de Blois. Tableau de Charles-Henri Michel, 1901.
Blois, musée des beaux-arts du château.

Le bûcher

Mais dès le 28 mai, les assesseurs sont invités à constater le relaps : Jeanne a repris ses habits d'homme. Elle assume sa décision : “ Je l'ai repris de ma propre volonté. Personne ne m'y a contrainte ”, mais elle ajoute : “ Il me semble plus licite et convenable d'avoir l'habit d'homme tant que je serai avec des hommes, que de porter l'habit de femme. Et en outre je l'ai repris parce qu'on n'a pas tenu ce qu'on m'avait promis : que j'irais à la messe, que je recevrais le Christ (en communion) et que je serais mise hors des fers. ” Des témoins de la réhabilitation diront 25 ans plus tard qu'elle a agi ainsi pour protéger sa pudeur, voire que ses vêtements féminins lui ont été enlevés.

Constatant le relaps, Cauchon aurait alors déclaré à Warwick en riant : “ *Farewell*, faites bonne chère, c'est fait ! ” Mais, contrairement à la légende noire de l'évêque, on peut se demander si Cauchon n'a pas tenté de bonne foi d'épargner à Jeanne l'infamie du bûcher.

Le 30 mai 1431, Jeanne est entendue en confession et communie pour la dernière fois dans sa prison. La jeune fille est conduite au nouveau bûcher élevé place du Vieux Marché, le visage “ embronché ” selon Perceval de Cagny, c'est-à-dire partiellement voilé. Elle est en effet coiffée d'une mitre sur laquelle sont énumérés les crimes qui lui sont reprochés. Les récits des témoins louent la piété de la victime qui crie plusieurs fois le nom de Jésus jusque sur le bûcher et qui réclame un crucifix au frère Isambard de la Pierre.

Cauchon complètera son “ beau procès ” par une information posthume selon laquelle Jeanne aurait finalement désavoué ses voix.

La nouvelle de sa mort se répand. Bon nombre de ses fidèles ont du mal à l'accepter. De 1436 à 1440, une femme épouse du chevalier lorrain Robert des Armoises affirmera même n'être autre que la Pucelle échappée des flammes… Reçue à Orléans avec honneurs, peut-être mentionnée au procès de Gilles de Rais sous le nom de la “ dame de Jarville ”, elle rencontre Charles VII et doit faire une confession publique sur la pierre de marbre du Parlement de Paris en 1440. L'inquisiteur Jean Bréhal indiquera en 1456 qu'il s'agissait d'une " créature qui se figurait être la Pucelle et que celle-ci n'avait pas été brûlée ", mais que pour finir " elle fut rapidement démasquée ".

La réhabilitation

Jeanne avait annoncé dès 1431 qu' " avant sept ans, les Anglais perdraient plus grand gage qu'ils ne le firent devant Orléans ". Et en effet, après le traité d'Arras scellant la réconciliation du duc de Bourgogne avec Charles VII, les Anglais essuient plusieurs revers, dont la perte de Paris en 1436.

Le 10 novembre 1449, Charles VII fait son entrée dans Rouen, capitale de la Normandie reconquise. Ayant désormais accès aux pièces du procès de Jeanne, il ordonne en février 1450 une enquête en vue de sa révision. Cette première est suivie de deux autres en 1452 et 1453. L'objectif est clairement politique : laver Jeanne de sa condamnation, c'est lever tout doute sur la légitimité du roi dont elle a conforté le trône, comme l'archevêque de Reims Jean Jouvenel des Ursins l'écrit à Jean d'Aulon.

Mais pour que la procédure paraisse moins politique, c'est finalement à la famille de Jeanne, sa mère et ses deux frères, qu'il revint d'adresser une supplique au pape pour que soit entamé un nouveau procès d'inquisition visant à réexaminer le cas de l'héroïne. Le procès, ouvert le 28 janvier 1456 par l'audition des témoins de l'enfance de Jeanne, conduit à la proclamation solennelle de la nullité du procès de la condamnation le 7 juillet suivant, sous la présidence de l'archevêque de Reims.

La vie posthume

L'épopée de Jeanne suscite de nombreuses mentions dans les chroniques du temps, inspire Christine de Pisan ou vers le milieu du siècle le " *Mystère du siège* " joué à Orléans. Mais au-delà, la gloire de Jeanne ne survit guère que dans la mémoire intéressée des héritiers de ses frères. La fin du XVIe siècle imaginera, sous la plume de Girard du Haillan, que Jeanne n'a été qu'un instrument créé par le roi Charles VII pour soutenir ses intérêts.

Durant les deux siècles suivants, Jeanne est moins objet de travaux historiques que d'œuvres littéraires, comme le long poème *La Pucelle ou la France délivrée* (1656) de Jean Chapelain ou la grotesque farce qu'est *La Pucelle* de Voltaire publiée en 1762, dont Schiller entendra en 1800 réparer l'outrage avec une *Jungfrau von*

Jeanne d'Arc à cheval. Miniature du "Champion des dames" de Martin le Franc, XVe s. Grenoble, bibl. mun., ms. 1317.

La Pucelle à cheval. Gravure sur cuivre de Léon Gaultier, 1612.
Extraite du Recueil de Charles Hordal du Lys, 1628.

Orléans, véritable manifeste du romantisme patriotique propre au XIXe siècle.

Parmi ces curiosités théâtrales, il faut citer une pièce fort médiocre, mais curieusement dotée d'une riche postérité. En 1805, Pierre Caze, sous-préfet de Bergerac, compose une tragédie intitulée *La mort de Jeanne d'Arc ou la Pucelle d'Orléans*, dans laquelle l'héroïne apparaît comme la fille bâtarde du duc Louis d'Orléans et de la reine Isabeau de Bavière. La pièce ayant été jugée trop médiocre pour être jouée, Caze s'avisa d'en tirer un ouvrage à prétention historique soutenant la même hypothèse. Contre toute attente, cette thèse absurde qu'aucun document contemporain ne vient étayer trouve régulièrement depuis des adeptes en mal de mystère historique…

En même temps que le drame romantique met le Moyen Âge à la mode, Jules Michelet, dans le tome V de son *Histoire de France* (1841), érige Jeanne d'Arc en véritable héroïne du peuple. C'est bientôt l'apogée de l'histoire positiviste avec l'œuvre que la Société de l'histoire de France confie au jeune historien Jules Quicherat : publier l'intégralité des procès de Jeanne d'Arc et les compléter par un recueil de tous les textes du XVe siècle relatifs à l'héroïne. Ce monument en cinq volumes, paru entre 1841 et 1849, restera longtemps la base de toute connaissance de la vie de Jeanne.

L'accessibilité des sources favorise alors la multiplication des ouvrages consacrés à Jeanne, que chaque famille de pensée revendique comme sienne. Au nom des catholiques français, l'évêque d'Orléans Mgr Dupanloup évoque pour la première fois en 1869 la possible canonisation de Jeanne. La cause est solennellement introduite à Rome en 1894. Entre temps, le député Joseph Fabre a proposé qu'une fête nationale soit consacrée à l'héroïne. Ces deux courants aboutiront presque simultanément en 1920, après la Première Guerre mondiale, alors que l'heure est désormais à la réconciliation entre la France et l'Église : canonisée en avril 1920, Jeanne est déclarée héroïne nationale au mois de juin suivant.

Dans le même temps, l'iconographie de la Pucelle connaît un développement considérable. Chaque année, le Salon des Beaux-Arts présente plusieurs toiles, statues ou objets d'art consacrés à Jeanne d'Arc. Les villes étapes de l'épopée johannique s'enrichissent de monuments équestres, et à partir de 1894, il n'est pratiquement pas une église de France qui ne reçoive un vitrail ou une statue en plâtre à l'effigie de Jeanne. Les éditions populaires de sa vie sont illustrées de gravures originales ou de reproductions d'œuvres célèbres. Ces images du XIXe siècle, d'un goût daté mais souvent soignées dans leur tentative de reconstitution historique, ont été choisies pour illustrer ces pages.

Aujourd'hui, les récupérations idéologiques dont Jeanne d'Arc a fait l'objet sont devenues à leur tour un objet d'histoire, au même titre que la vie de l'héroïne elle-même. Parfois la découverte de nouveaux documents ou plus souvent la relecture des sources historiques permettent de redécouvrir l'aventure de Jeanne dépouillée des légendes qui l'ont depuis longtemps accompagnée. Puissent ces quelques pages inviter le lecteur à se reporter aux publications des historiens qui lui consacrent leurs travaux.

Charles VII en prière.

Jeanne d'Arc amenée à Chinon.

Jeanne d'Arc dirigeant un siège.

D'après des miniatures des "Vigiles de Charles VII" de Martial d'Auvergne, 1484.
Manuscrit conservé à la BnF.
Chromolithographie extraite du livre de Wallon.

Mort de Jeanne. Gravure de Fortuné Méaulle d'après A. Maignan, extraite du livre de M. Sepet.

L'auteur tient à remercier Olivier Bouzy, du Centre Jeanne d'Arc (Orléans), auteur de *Jeanne d'Arc, mythes et réalités* (L'Atelier de l'Archer, 1999), pour ses précieux conseils.

L'auteur et l'éditeur remercient également les musées des Beaux-Arts d'Orléans, de Tours et de Blois pour la reproduction des oeuvres appartenant à leurs collections.

Quel que soit le soin apporté à la photogravure et à l'impression de ce livre, rien ne remplace l'émotion devant l'œuvre originale, aussi nous encourageons vivement nos lecteurs à visiter ces musées qui recèlent de vrais trésors.

Les chromolitographies et gravures reproduites sont principalement extraites de :

Marius Sepet, *Jeanne d'Arc*, Tours : Mame, 1868, rééd. 1928.

Henri Wallon, *Jeanne d'Arc*, Paris : Firmin-Didot, 1876.

Henri Martin, *Histoire de France populaire*, Paris : Furne et Jouvet, 1876.

Mise en pages du studio des éditions Gisserot. Ce livre a été imprimé et façonné par Pollina à Luçon N° L89162
Imprimé en France